BEI GRIN MACHT SICH IH WISSEN BEZAHLT

Bibliografische Information der Deutschen Nationalbibliothek:

Die Deutsche Bibliothek verzeichnet diese Publikation in der Deutschen National-
bibliografie; detaillierte bibliografische Daten sind im Internet über http://dnb.d-
nb.de/ abrufbar.

Dieses Werk sowie alle darin enthaltenen einzelnen Beiträge und Abbildungen
sind urheberrechtlich geschützt. Jede Verwertung, die nicht ausdrücklich vom
Urheberrechtsschutz zugelassen ist, bedarf der vorherigen Zustimmung des Verla-
ges. Das gilt insbesondere für Vervielfältigungen, Bearbeitungen, Übersetzungen,
Mikroverfilmungen, Auswertungen durch Datenbanken und für die Einspeicherung
und Verarbeitung in elektronische Systeme. Alle Rechte, auch die des auszugsweisen
Nachdrucks, der fotomechanischen Wiedergabe (einschließlich Mikrokopie) sowie
der Auswertung durch Datenbanken oder ähnliche Einrichtungen, vorbehalten.

Impressum:

Copyright © 2018 GRIN Verlag
Druck und Bindung: Books on Demand GmbH, Norderstedt Germany
ISBN: 9783668854291

Dieses Buch bei GRIN:

https://www.grin.com/document/450278

Lisa Sachse

Erstellung einer einfachen Java-Anwendung zur Verwaltung eines Online-Warenkorbs

GRIN Verlag

Erstellung einer einfachen
Java-Anwendung
zur Verwaltung
eines Online-Warenkorbs

Inhaltsverzeichnis

1. Einleitung

Die objektorientierte Programmierung ist ein wunderbares Werkzeug, um die reale Welt in eine für den Computer verständliche Sprache zu übersetzen. Die Arbeit mit Klassen und Objekten kann für den Anfänger allerdings eine große Herausforderung darstellen. Eine beliebte Aufgabe oder Problemstellung in der objektorientierten Programmierung ist das Erstellen eines Warenkorbes, der mit Artikeln gefüllt werden soll. Dabei sind natürlich verschiedene Varianten denkbar, zum Beispiel auch ein Obstkorb, der mit verschiedenen Früchten gefüllt werden soll. Es geht in der Essenz darum, Objekte einer Klasse mit einem Objekt einer anderen Klasse zu verknüpfen. Doch wie setzt man das in Programmcode um? Dies soll in diesem Beleg erörtert werden. Wir benutzen die Programmiersprache Java, aber die Logik ist in jeder anderen Programmiersprache, die die objektorientierte Programmierung unterstützt gleich, lediglich die Schreibweise ändert sind.

Unsere Zielstellung lautet also: **Wie erstellt man einen Warenkorb, den man mit Artikeln füllt in einer objektorientierten Sprache wie Java?**

Hierbei beschreiben wir natürlich nur eine Möglichkeit, denn in der Programmierung führen immer viele Wege ans Ziel. Außerdem versuchen wir, das Programm so einfach wie möglich zu halten. Das Ziel ist es, ein gewisses Grundverständnis für die Problematik zu erzeugen, sodass der Leser dann eigene Lösungen finden kann. Damit bietet dieser Beleg einen kleinen Einblick in die objektorientierte Programmierung und die Programmierung mit Java und beleuchtet anhand einer einfachen Aufgabenstellung einen kleinen Ausschnitt der Thematik.

Im folgenden Kapitel werfen wir zunächst einen Blick auf die objektorientierte Programmierung und warum sie sich so gut für die Lösung dieser Problemstellung eignet. Außerdem planen wir mittels UML die Klassen Artikel und Warenkorb mit ihren Eigenschaften und Funktionen und legen den groben Ablauf des Programms fest. Anschließend geht es an die Programmierung. Stück für Stück erstellen wir die Klasse Artikel, die Klasse Warenkorb und die main-Funktion und erfahren so, wie man die oben genannte Problemstellung grundsätzlich lösen kann.

2. Grundlagen und Vorüberlegungen

2.1. Vorteil der Objektorientierten Programmierung

Die objektorientierte Programmierung ermöglicht eine möglichst nahe Abbildung der realen Welt im Programmcode. Wir Menschen nehmen die Welt in Objekten wahr, die drei wesentliche Eigenschaften haben. Die objektorientierte Programmierung bringt diese drei Eigenschaften auf den Computer. Die drei Eigenschaften lauten: *Identität, Zustand* (Attribute) und *Verhalten* (Operationen/ Methoden).[1] In der objektorientierten Programmierung dienen Klassen dazu, die Attribute und Operationen eines Objekts zu definieren. Anschließend kann man über dieses Template immer neue Objekte, die jeweils ihre eigene Identität besitzen erzeugen.[2] Dieses Denken werden wir im Folgenden für unser Beispiel verwenden.

2.2. Planung der Klassen in UML

Um Klassen grafisch darzustellen nutzt man die Unified Modeling Language (UML).[3] Auf die Regeln zur Notation in UML soll hier nicht eingegangen werden. Hier folgt nur die Planung unserer beiden Klassen in UML. Dabei gehen wir nicht weiter auf die Details und die Wahl der Attribute und Methoden ein. Die Anwendung der Attribute und Methoden wird in den nächsten Kapiteln deutlich.

Warenkorb	Artikel
- besitzer : String - gesamtNettoPreis : double - gesamtBruttoPreis : double - gesamtMwSt : double - anzahlArtikel : int - artikelIndex[] : int	- artikelNr : int - bezeichnung : String - nPreis : double - bPreis : double - mwStSatz : double - **artNrZaehler : int;**

---

[1] vgl. Ullenboom, S. 225f.
[2] vgl. Ullenboom, S. 227
[3] vgl. Ullenboom, S. 228f.

+ Warenkorb()	+ Artikel()
+ getanzahlArtikel() : int	+ getArtikelNummer() : int
+ getNettoPreis() : double	+ getNettoPreis() : double
+ getBruttoPreis() : double	+ getBruttoPreis() : double
+ getMwSteuer() : double	+ getSteuersatz() : double
+ getBruttoPreis() : double	+ getBezeichnung() : String
+ setBesitzer(String) : void	+ setNettoPreis(double) : void
	+ setSteuersatz(double) : void
	+ setBezeichnung(String) : void

2.3. Planung der Main-Funktion

Unsere main-Funktion besteht im Wesentlichen aus drei Abschnitten. Zusammengefasst lauten diese:

1. Erstellen und Füllen eines Arrays mit 10 Artikeln
2. Erstellen und Füllen des Warenkorbes mit ausgewählten Artikeln
3. Ausgeben der Artikel im Warenkorb und zusätzlichen Informationen

Im nächsten Abschnitt werden wir nun zunächst die zwei Klassen aus dem UML-Diagramm heraus in Java und anschließend die main-Funktion mit dem oben genannten Aufbau erstellen.

4. Programmentwicklung

4.1. Entwicklung der Klasse Artikel

Die Klasse Artikel ist umrahmt von folgender Anweisung:

```
public class Artikel {}
```

Die Attribute deklarieren wir wie folgt:

```
private final int artNr;
private String bezeichnung;
private double nPreis;
private double mwStSatz;

static private int artNrZaehler = 1000;
```

Die Artikel-Nummer `artNr` soll fest sein und sich im Laufe des Programms nicht ändern können, da sie zur Identifikation des Artikels dienen soll. Daher kennzeichnen wir sie mit dem Befehl `final`.[4] Außerdem erzeugen wir einen Zähler `artNrZaehler`, um immer neue, einzigartige Artikelnummern zu erzeugen. Dieser ist als `static` gekennzeichnet[5] - damit existiert er für die gesamte Klasse nur einmal, das heißt jeder Artikel bekommt zwar seine eigene Artikel-Nummer, aber insgesamt brauchen wir nur einen Zähler, um diese Artikelnummern zu erzeugen. Die Artikelnummer soll bei 1000 beginnen, daher initialisieren wir den Zähler mit dieser Zahl. Werden neue Artikel erzeugt, wird dieser Zähler stets um 1 erhöht werden (im Konstruktor). Der passende Datentyp ist hier der Integer, der wohl gängigste Datentyp für ganze Zahlen.[6]

Die Bezeichnung des Artikels werden wir als String speichern, und Netto-Preis sowie den MwSt-Satz als double, also Gleitkommazahlen.[7] Den Brutto-Preis können wir aus den beiden

---

[4] vgl. Jobst, S. 86
[5] vgl. Jobst, S. 22
[6] vgl. Jobst, S. 14
[7] vgl. Jobst, S. 14

Informationen Netto-Preis und MwSt-Satz bei Bedarf berechnen (siehe getBruttoPreis).
Daher erstellen wir keine separate Variable dafür.

Nun folgen die Konstruktoren. Wir erstellen gleich zwei Konstruktoren - einen „ordentlichen",
bei dem die wichtigsten Informationen (Bezeichnung und Preis) gleich mit angelegt werden
sowie einen für denn Fall, das nur schnell ein leerer Artikel erstellt werden soll. Der vollständige
Konstruktor sieht so aus:

```
public Artikel(String bezeichnung, double nPreis) {
        this.artNr = ++artNrZaehler;
        this.bezeichnung = bezeichnung;
        this.nPreis = nPreis;
        this.mwStSatz = 0.19;
}
```

Wir nehmen die Informationen bezeichnung und nPreis bei der Erstellung des Objektes
auf und teilen sie den entsprechenden Variablen zu. Außerdem legen wir die Artikelnummer fest
indem wir die artNr mit dem artNrZaehler gleichsetzen. Zusätzlich nutzen wir das
Postinkrement, um den Zähler anschließend direkt um eins zu erhöhen.[8] Den mwStSatz legen
wir Standardmäßig auf 19% fest, dieser kann im Nachhinein über den entsprechenden Setter
angepasst werden.

Wir nutzen den this-Operator, um auf das aktuelle Objekt zu verweisen, sodass zum Beispiel
immer die Bezeichnung des aktuell erstellten Objekts geändert wird.

Der einfache Konstruktor ohne Eingabewerte reserviert lediglich eine Artikelnummer und setzt
den MwSt-Satz fest:

```
public Artikel() {
        this.artNr = artNrZaehler++;
        this.mwStSatz = 0.19;
}
```

---

[8] vgl. Hostmann et al., S. 73

Nun erstellen wir die Getter. Sie dienen dazu, um die verschiedenen Eigenschaften eines Objektes auszugeben (dies werden wir in der main-Funktion nutzen).[9] Unsere Getter sind immer gleich aufgebaut. Man nennt sie immer „get*Attribut*", sie nehmen keine Parameter auf und geben immer das entsprechende Attribut über die `return`-Anweisung aus. Für die Artikel-Nummer lautet der Getter wie folgt:

```
public int getArtikelNummer() {
        return artNr;
}
```

Wir erstellen Getter für die Bezeichnung (`public String getBezeichnung ()`), den Netto-Preis (`public double getNettoPreis()`) und den MwSt-Satz (`public double getSteuersatz()`) nach dem gleichen Muster.

Außerdem erstellen wir einen Getter, der den Brutto-Preis eines Artikels bei Bedarf berechnen kann. Hier berechnen wir zunächst den Brutto-Preis und runden ihn schließend auf zwei Kommastellen über die `Math.round`-Funktion, da der Preis ja typischerweise nur mit zwei Stellen Genauigkeit ausgegeben wird:

```
public double getBruttoPreis() {
        double preis = nPreis + (nPreis * mwStSatz);
        return Math.round(100.0 * preis) / 100.0 ;
}
```

Nun folgen die Setter, die es ermöglichen, die Attribute eines Objektes zu verändern.[10] Auch unsere Setter haben immer den gleichen Aufbau. Sie nehmen den entsprechenden Wert als Eingabe und teilen ihn dann der jeweiligen Variable zu. Der Setter für den Netto-Preis sieht so aus:

```
public void setNettoPreis(double preis) {
        this.nPreis = preis;
}
```

---

[9] vgl. Ullenboom, S. 407ff.
[10] vgl. Ullenboom, S. 407ff.

Entsprechende Setter erstellen wir auch für die Bezeichnung (`public void setBezeichnung (String bezeichnung)`) und den Steuersatz (`public void setBezeichnung (String bezeichnung)`). Die Artikelnummer darf ja nicht geändert werden, daher bekommt sie auch keinen Setter.

4.2. Entwicklung der Klasse Warenkorb

Nun wollen wir die Klasse Warenkorb erstellen:

```
public class Warenkorb {}
```

Auch hier deklarieren wir zunächst sämtliche Attribute:

```
private String besitzer;
private double gesamtNettoPreis = 0;
private double gesamtBruttoPreis = 0;
private double gesamtMwSt = 0;
private int anzahlArtikel = 0;

private int[] artikelIndex = new int[10];
```

Den Gesamt-Netto- und Brutto-Preis sowie die Mehrwertsteuer (Achtung, hier nehmen wir den Betrag in Euro anstatt des Prozentsatzes!) initialisieren wir mit 0. Diese Beträge werden anschließend jedes mal um die entsprechenden Werte des jeweiligen Artikels, den wir hinzufügen wollen, erhöht. Außerdem erstellen wir eine Variable `anzahlArtikel`, damit wir angeben können, wie viele Artikel sich im Warenkorb befinden. Auch diese Variable initialisieren wir natürlich am Anfang mit 0. Zum Schluss erstellen wir ein Array der Größe 10, in dem wir die Verbindung herstellen zwischen dem Warenkorb und den Artikeln, die in diesem gespeichert werden sollen (genaueres folgt in der main-Funktion).

Für den Warenkorb erstellen wir einen einfachen Konstruktor, der einen Warenkorb erstellt, dem ein bestimmter Besitzer zugeordnet ist. Den Namen des Besitzers werden wir in unserer main-Funktion abfragen und anschließend den Warenkorb erstellen:

```
Warenkorb(String besitzer) {
        this.besitzer = besitzer;
    }
```

9

Anschließend erstellen wir auch hier die entsprechenden Getter `getBesitzer()`, `getGesamtNettoPreis()`, `getGesamtBruttoPreis()`, `getGesamtMwSt()`, `getAnzahlArtikel()` nach dem Muster:

```
public String getBesitzer () {
      return besitzer;
}
```

Außerdem stellen wir den Setter für den Besitzer bereit. Auf die anderen Variablen greifen wir direkt zu, da wir die main-Funktion direkt in der Klasse Warenkorb schreiben werden:

```
public void setBesitzer (String besitzer) {
      this.besitzer = besitzer;
}
```

4.3. Entwicklung der Main-Funktion

Nun erstellen wir das eigentliche Programm in der main-Funktion, aufgeteilt in die drei Schritte, die bereits im vorherigen Abschnitt erwähnt wurden.

a) Erstellen und Füllen eines Arrays mit 10 Artikeln

Zunächst erstellen wir ein Array [] des Datentyps `Artikel` mit dem Namen `artikel`. Da wir in unserem Beispiel mit 10 verschiedenen Artikeln arbeiten wollen, ist das die Größe unseres Arrays:

```
Artikel[] artikel = new Artikel[10];
```

Nun füllen wir alle 10 Plätze des Arrays mit jeweils einer Instanz der Klasse Array, die wir mittels des Konstruktors auch gleich dort erstellen und mit Daten füllen:

```
artikel[0] = new Artikel("Milch", 0.98);
artikel[1] = new Artikel("Käse", 2.60);
...
artikel[9] = new Artikel("Kartoffeln", 3.57);
```

b) Erstellen und Füllen des Warenkorbes mit ausgewählten Artikeln

Die Erstellung des oben genannten Arrays erfolgt quasi im Hintergrund zu Programmstart. Jetzt folgt die erste Interaktion mit dem Anwender des Programms. Er wird nach seinem Namen gefragt. Über einen Scanner nehmen wir die Eingabe des Anwenders in der Variable b auf und erzeugen anschließend einen neuen Warenkorb mit dem Namen wk. Dabei nutzen wir die Variable b, um den Besitzer des Warenkorbes festzulegen.

```
System.out.println("Hallo - lass uns einen Warenkorb mit Artikeln
füllen! Wie heißt du? ");

Scanner in = new Scanner(System.in);
String b = in.nextLine();
Warenkorb wk = new Warenkorb(b);
```

Nun erzeugen wir eine Hilfsvariable für die folgende for-Schleife und initialisieren sie mit 0:

```
int wk_index = 0;
```

Jetzt nutzen wir eine for-schleife, um nach und nach alle Artikel im Array artikel durchzugehen und sie ggf. im Warenkorb zu speichern:

```
for (int i = 0; i < 10; i++) { }
```

Innerhalb der for-Schleife folgt eine Reihe von komplexeren Anweisungen. Wir fragen den Anwender, ob er den jeweiligen Artikel kaufen möchte. Dabei nutzen wir verschiedene Getter, um dem Anwender wichtige Informationen bereitzustellen. Seine Antwort speichern wir in einer Variable a:

```
System.out.println("\n" + wk.getBesitzer() + ", möchtest du: " +
artikel[i].getBezeichnung() + " kaufen? (Preis: " +
artikel[i].getBruttoPreis() + "EUR)");

String a = in.nextLine();
```

Nun prüfen wir in einer if-Anweisung, ob der Anwender den Artikel kaufen möchte. Gibt er „ja"
ein, so wird der Artikel dem Warenkorb hinzugefügt. Da wir die Antwort in Form eines Strings
aufnehmen, müssen wir die `equals()`-Funktion nutzen, um die Eingabe zu überprüfen - `if` (
`a == „ja")` funktioniert hier nicht, da sonst nur Referenzen und nicht Inhalte überprüft
werden.[11]

```
if (a.equals("ja")) {}
```

Wenn der Anwender „ja" eingibt, dann geschehen eine Reihe von Operationen, um den Artikel
dem Warenkorb hinzuzufügen:

```
wk.artikelIndex[wk_index] = i;
wk_index++;
```

Das Array `artikelndex` an der Stelle der Hilfsvariable `wk_index` erhält als Information den
aktuellen Wert von `i`, der dem aktuellen Artikel im Array `artikel` entspricht. Anschließend
wird der `wk_index` um 1 erhöht, sodass beim nächsten Artikel der nächste Platz im
`artikelIndex` gefüllt wird. So füllen wir nach und nach das Array `artikelIndex` mit
einer Referenz zu den Artikeln, die der Anwender kaufen möchte.
Nun führen wir noch einige Rechnungen durch. Der `gesamtNettoPreis`,
`gesamtBruttoPreis` und die `gesamtMwSt` des Warenkorbs wird um den entsprechenden
Wert des jeweiligen Artikels erhöht:

```
wk.gesamtNettoPreis += artikel[i].getNettoPreis();
wk.gesamtBruttoPreis += artikel[i].getBruttoPreis();
wk.gesamtMwSt += artikel[i].getBruttoPreis() -
   artikel[i].getNettoPreis();
```

Dieser Teil des Programm endet mit zwei kleinen Schritten. Wir aktualisieren die Variable
`anzahlArtikel`. Sie entspricht genau dem Wert, den die Hilfsvariable `wk_index`

---

[11] vgl. Jobst, S. 153

inzwischen angenommen hat.[12] Abschließend schließen wir noch unseren Scanner, da wir diesen nicht länger benötigen:

```
wk.anzahlArtikel = wk_index;
in.close();
```

c) Ausgeben der Artikel im Warenkorb und zusätzlichen Informationen

Nun nutzen wir die Variable anzahlArtikel gleich, um einen einleitenden Satz zur Ausgabe des Warenkorbs zu schreiben:

```
System.out.println("\n\nDu hast " + wk.anzahlArtikel + "
verschiedene Artikel bestellt:\n");
```

Anschließend durchlaufen wir eine weitere for-Schleife so oft, wie es Artikel im Warenkorb gibt:

```
for (int i = 0; i < wk_index; i++) {}
```

Innerhalb dieser Schleifen geben wir immer Artikel-Nummer, Bezeichnung und Preis des jeweiligen Artikels aus:

```
System.out.println("Artikel-Nummer: " +
artikel[wk.artikelIndex[i]].getArtikelNummer());
System.out.println("Bezeichnung: " +
artikel[wk.artikelIndex[i]].getBezeichnung());
System.out.println("Preis (brutto): " +
artikel[wk.artikelIndex[i]].getBruttoPreis() + "EUR\n");
```

---

[12] Hinweis: Der wk_index ist von 0 aus so oft erhöht worden, wie der Anwender mit „ja" geantwortet hat. Auch nach dem letzten „ja" des zehnten Artikels. Diese letzte Erhöhung wäre vorausschauend, um den elften Artikel an einer neuen Stelle im Array artikelIndex zu speichern, was ja aber nie geschieht. Das Array geht daher von 0 bis wk_index nach dem letzten ja - 1, während wk_index genau der Anzahl der Artikel im Array entspricht.

Nun runden wir die drei Preis-Angaben des Warenkorbes auf zwei Nachkomma-Stellen und geben sie anschließend aus:

```
wk.gesamtNettoPreis
= Math.round(100.0 * wk.gesamtNettoPreis) / 100.0;
wk.gesamtMwSt
= Math.round(100.0 * wk.gesamtMwSt) / 100.0;
wk.gesamtBruttoPreis
= Math.round(100.0 * wk.gesamtBruttoPreis) / 100.0;

System.out.println("\n-------------------------\nGesamt (netto):
" + wk.gesamtNettoPreis + "EUR");
System.out.println("Mehrwertsteuer: " + wk.gesamtMwSt + "EUR");
System.out.println("-------------------------\nGesamt (brutto):
" + wk.gesamtBruttoPreis + "EUR");
```

Damit sind wir am Ende unseres Programms angelangt.

5. Zusammenfassung

In diesem Beleg haben wir eine recht einfache Aufgabenstellung der objektorientierten Programmierung in Java Schritt für Schritt gelöst. Wir haben zunächst die zwei Klassen Artikel und Warenkorb mit ihren Attributen, Konstruktoren, Gettern und Settern erstellt. Anschließend haben wir in der main-Funktion innerhalb der Klasse Warenkorb das eigentliche Programm, aufgeteilt in drei Abschnitte, geschrieben.

Natürlich ist dies eine sehr beschränkte Einführung in die objektorientierte Programmierung mit Java. Selbst die Erläuterungen an sich hätten noch wesentlich detaillierter sein können. Der Leser muss sich zum Beispiel noch immer die genaue Schreibweise in Java anhand der Code-Ausschnitte selbst erschließen. Dennoch kann sie Klarheit in diese Art von Aufgabenstellung, wie sie zum Beispiel in Klausuren abgefragt werden können, bringen. Außerdem könnte dieser Beleg als eine Vorlage für zahlreiche weitere Belege dieser Art dienen, die Stück für Stück verschiedene Programmieraufgaben in Java erläutern.

Natürlich kann auch die entwickelte Anwendung an sich um viele weitere Optionen erweitert werden. Denkbar wäre zum Beispiel:

- Ein besseres exception-Handling, wo verschiedene Ausnahmesituationen berücksichtig werden, v.a. bei der Eingabe der Antwort „ja" auf die Frage, ob der Artikel gekauft werden soll oder wenn am Ende kein einziger Artikel im Warenkorb ist.
- Eine Möglichkeit, einen Artikel mehrfach zu kaufen.
- Eine Schleife, um mehrere Warenkörbe zu erstellen ohne das Programm neu starten zu müssen.
- Einige Teile der main-Funktion (zum Beispiel das Runden der Preise) könnten in Funktionen geschrieben werden, sodass sie mehrfach verwendet werden können und die main-Funktion schlanker machen.
- Eine grafische Oberfläche wäre natürlich ideal für die Bedienbarkeit des Programmes. Im einfachsten Falle gäbe es eine Liste mit allen Artikeln und für jeden Artikel einen Button „Zum Warenkorb hinzufügen" sowie einen weiteren Button, um die Informationen zum Warenkorb auszugeben.

Literaturverzeichnis

Horstmann, C. et al.:

    Core Java Band 1 - Grundlagen. Addison-Wesley, 2005.

Jobst, F.:

    Programmieren in Java. Carl Hanser Verlag München, 7. Auflage, 2015.

Ullenboom, C.:

    Java ist auch eine Insel. Galileo Press, 11. Auflage, 2014.

Anhang

Klasse Artikel

```java
public class Artikel {

  // --- Attribute ---

  private final int artNr;
  private String bezeichnung;
  private double nPreis;
  private double mwStSatz;

  static private int artNrZaehler = 1000;

  // --- Methoden ---

  /// Konstruktor
  public Artikel(String bezeichnung, double nPreis) {
      this.artNr = artNrZaehler++;
      this.bezeichnung = bezeichnung;
      this.nPreis = nPreis;
      this.mwStSatz = 0.19;
  }

  public Artikel() {
      this.artNr = ++artNrZaehler;
      this.mwStSatz = 0.19;
  }

  /// Getter
  public int getArtikelNummer() {
      return artNr;
  }

  public String getBezeichnung () {
      return bezeichnung;
  }
```

```java
public double getNettoPreis() {
    return nPreis;
}

public double getSteuersatz() {
    return mwStSatz;
}

public double getBruttoPreis() {
    double preis = nPreis + (nPreis * mwStSatz);
    return Math.round(100.0 * preis) / 100.0 ;
}

/// Setter
public void setNettoPreis(double preis) {
    this.nPreis = preis;
}

public void setSteuersatz (double steuersatz) {
    this.mwStSatz = steuersatz;
}

public void setBezeichnung (String bezeichnung) {
    this.bezeichnung = bezeichnung;
}

}
```

Klasse Warenkorb inklusive Main-Funktion

```java
import java.util.Scanner;

public class Warenkorb {

    // --- Attribute ---
    private String besitzer;

    private double gesamtNettoPreis = 0;
    private double gesamtBruttoPreis = 0;
```

```java
private double gesamtMwSt = 0;

private int anzahlArtikel = 0;

private int[] artikelIndex = new int[10];

// --- Funktionen ---

/// Konstruktor

Warenkorb(String besitzer) {
     this.besitzer = besitzer;
}

/// Getter

public String getBesitzer () {
     return besitzer;
}

public double getGesamtNettoPreis () {
     return gesamtNettoPreis;
}

public double getGesamtBruttoPreis () {
     return gesamtBruttoPreis;
}

public double getGesamtMwSt () {
     return gesamtMwSt;
}

public double getAnzahlArtikel () {
     return anzahlArtikel;
}


/// Setter
```

```
public void setBesitzer (String besitzer) {
    this.besitzer = besitzer;
}


// --- Main-Funktion ---


public static void main(String[] args) {


    // 1.) Erstellen und Füllen eines Arrays mit 10 Artikeln

    Artikel[] artikel = new Artikel[10];

    artikel[0] = new Artikel("Milch", 0.98);
    artikel[1] = new Artikel("Käse", 2.60);
    artikel[2] = new Artikel("Eier", 1.40);
    artikel[3] = new Artikel("Äpfel", 4.75);
    artikel[4] = new Artikel("Bananen", 0.80);
    artikel[5] = new Artikel("Wurst", 1.60);
    artikel[6] = new Artikel("Erdbeeren", 2.76);
    artikel[7] = new Artikel("Orangensaft", 2.40);
    artikel[8] = new Artikel("Quark", 0.65);
    artikel[9] = new Artikel("Kartoffeln", 3.57);


    // 2.) Erstellen und Füllen des Warenkorbes mit
ausgewählten Artikeln


    System.out.println("Hallo - lass uns einen Warenkorb mit
Artikeln füllen! Wie heißt du? ");

    Scanner in = new Scanner(System.in);
    String b = in.nextLine();
    Warenkorb wk = new Warenkorb(b);
```

```
int wk_index = 0;

for (int i = 0; i < 10; i++) {

        System.out.println("\n" + wk.getBesitzer() + ",
möchtest du: " + artikel[i].getBezeichnung() + " kaufen? (Preis: "
+ artikel[i].getBruttoPreis() + "EUR)");
        String a = in.nextLine();

        if (a.equals("ja")) {
            wk.artikelIndex[wk_index] = i;
            wk_index++;

            wk.gesamtNettoPreis +=
artikel[i].getNettoPreis();
            wk.gesamtBruttoPreis +=
artikel[i].getBruttoPreis();
            wk.gesamtMwSt += artikel[i].getBruttoPreis() -
artikel[i].getNettoPreis();

        }

    }


    wk.anzahlArtikel = wk_index;

    in.close();

    // 3.) Ausgeben der Artikel im Warenkorb und zusätzlichen
Informationen

    System.out.println("\n\nDu hast " + wk.anzahlArtikel + "
verschiedene Artikel bestellt:\n");
```

```
            for (int i = 0; i < wk_index; i++) {

                    System.out.println("Artikel-Nummer: " +
        artikel[wk.artikelIndex[i]].getArtikelNummer());
                    System.out.println("Bezeichnung: " +
        artikel[wk.artikelIndex[i]].getBezeichnung());
                    System.out.println("Preis (brutto): " +
        artikel[wk.artikelIndex[i]].getBruttoPreis() + "EUR\n");


            }

            wk.gesamtNettoPreis = Math.round(100.0 *
        wk.gesamtNettoPreis) / 100.0;
            wk.gesamtMwSt = Math.round(100.0 * wk.gesamtMwSt) / 100.0;
            wk.gesamtBruttoPreis = Math.round(100.0 *
        wk.gesamtBruttoPreis) / 100.0;

            System.out.println("\n--------------------------\nGesamt
        (netto): " + wk.gesamtNettoPreis + "EUR");
            System.out.println("Mehrwertsteuer: " + wk.gesamtMwSt +
        "EUR");
            System.out.println("--------------------------\nGesamt
        (brutto): " + wk.gesamtBruttoPreis + "EUR");
        }
    }
```

Beispielhafte Ausgabe des Programms

Hallo - lass uns einen Warenkorb mit Artikeln füllen! Wie heißt du?
Lisa

Lisa, möchtest du: Milch kaufen? (Preis: 1.17EUR)
ja

Lisa, möchtest du: Käse kaufen? (Preis: 3.09EUR)
ja

Lisa, möchtest du: Eier kaufen? (Preis: 1.67EUR)
ja

Lisa, möchtest du: Äpfel kaufen? (Preis: 5.65EUR)

Lisa, möchtest du: Bananen kaufen? (Preis: 0.95EUR)

Lisa, möchtest du: Wurst kaufen? (Preis: 1.9EUR)

Lisa, möchtest du: Erdbeeren kaufen? (Preis: 3.28EUR)

Lisa, möchtest du: Orangensaft kaufen? (Preis: 2.86EUR)

Lisa, möchtest du: Quark kaufen? (Preis: 0.77EUR)

Lisa, möchtest du: Kartoffeln kaufen? (Preis: 4.25EUR)

Du hast 3 verschiedene Artikel bestellt:

Artikel-Nummer: 1000
Bezeichnung: Milch
Preis (brutto): 1.17EUR

Artikel-Nummer: 1001
Bezeichnung: Käse
Preis (brutto): 3.09EUR

Artikel-Nummer: 1002
Bezeichnung: Eier
Preis (brutto): 1.67EUR

Gesamt (netto): 4.98EUR
Mehrwertsteuer: 0.95EUR

Gesamt (brutto): 5.93EUR

BEI GRIN MACHT SICH IHR
WISSEN BEZAHLT

- Wir veröffentlichen Ihre Hausarbeit,
  Bachelor- und Masterarbeit

- Ihr eigenes eBook und Buch -
  weltweit in allen wichtigen Shops

- Verdienen Sie an jedem Verkauf

Jetzt bei www.GRIN.com hochladen
und kostenlos publizieren

www.ingramcontent.com/pod-product-compliance
Lightning Source LLC
La Vergne TN
LVHW042312060326
832902LV00009B/1449